STADIONKULTUR

STADIONKULTUR

St.-Pauli-Deich 3 · 28199 Bremen · Germany
Telefon: 0421-77 8 66
Telefax: 0421-70 40 58
sachbuch@kellnerverlag.de
www.kellner-verlag.de

Fotografie, Satz und Gestaltung: Hajo König
Herstellung: Kellner-Verlag
ISBN: 978-3-939928-02-7

Offizielles Lizenzprodukt von Werder Bremen
www.werder.de

Grün ist die Hoffnung

STADIO

Ein Jahr Werder Bremen Heimspiele

KULTUR

Das Fotobuch aus Sicht der Fans

100%
WERDER!

Komm mit ins Weser-Stadion

Werder Bremen hat eine traditionsreiche Erfolgsgeschichte. Ob in der Bundesliga oder im DFB-Pokal, immer konnte Werder für Furore sorgen und ist eine der wenigen deutschen Mannschaften, die sich regelmäßig für die Champions-League qualifiziert hat.

Unser Verein, die Spieler, sie leben vom Erfolg, aber auch von der Begeisterung der Zuschauer und Fans. Doch allzu selten stehen die Fans im Mittelpunkt. Ich freue mich, dass mit diesem Buch auch einmal die Fankultur in den Vordergrund gestellt wird. Und da sich eine Fangemeinde im eigenen Stadion am wohlsten fühlt, nennt sich dieses Buch zu Recht »Stadionkultur«. Ich danke dem Fotografen dieses Bandes für seine ungewöhnliche Idee. Beim Anschauen der eindrucksvollen Aufnahmen übertragen sich sofort die Gemeinschaftsgefühle, die ganz speziell im Zuschauerraum entstehen. Unsere Fans gestalten das Geschehen aktiv mit, sind mit ihren Emotionen und Reaktionen Teil des Spiels und tragen in einer umkämpften Partie mit ihrer Unterstützung dazu bei, den Erfolg zu erringen. An „großen" Spieltagen, wenn die Gefühle von Fans und Mannschaft verschmelzen, ist das Gänsehaut pur. An dieser Stelle ein ganz herzliches Dankeschön an alle, die uns unterstützen.

Dieses Buch bringt uns die Stimmungen im Stadion ein Stückchen näher. Ob vor oder hinter den Kulissen, die Fotografien erlauben uns allen, die Stunden voller Höhen und Tiefen für immer festzuhalten. Bei der aufregenden Reise durch die Bremer Stadionkultur wünsche ich viel Vergnügen.

Thomas Schaaf

JETZT GEHT

BREMEN
dodenhof
Bindan Personaldienste
AIRPORT BREMEN
WERDER

'S LOS!

Mercedes-Benz in Bremen
dodenhof
HORST DRZYSGA
TAXI-RUF BREMEN 14 014
Bindan Personaldienste
Einbecker
PADDOCK'S
SECURITY
kik
»Unterh
ater« für privat

2007
JENSEN
20
BREMEN

Werder Bremen - Arminia Bielefeld

Samstag, 29.09.2007 | 8:1 (4:1)

Mannschaftsbus

BSAG
BOB
HB FU 573

Werder zum Frühstück!
WESER-KURIER
Deutsche ProVentus AG
Deutsche ProVentus AG
viebrockhaus
viebrockhaus

swb
MEYERHOFF
Werder zum Frühstück! WESER-KURIER
viebrockhaus
Jetzt geht's looos...! AIRPORT BREMEN
dodenhof
Mercedes-Benz in Bremen
PROSTKURVE
Kappa
Jack Wolfskin
PADDOCK'S
Einbecker

citibank
citibank
HIT-RADIO ANTENNE
DER NEUE MIX
BELUGA SHIPPING
HIT-RADIO
TOSIC
13
DIEGO
10
7
vate Haushalte

Foul!

WIESE
18
WERDER BREMEN

WERDER BREMEN
www.platz-fuer-kinder.eu
swb
M. WULFF
Werner Rathmann
MASCHINENBAU
DACHSER
HanseLifter
infront
HORST
Könecke
Hit-Radio antenne
MEYERHOFF
Deutsche ProVentus AG
BELUGA

Viererkette

LE CROBAG
WERDER

viebrockhaus
viebrockhaus
AIRPORT BREMEN Jetzt geht's looos...! AIRPORT BREMEN
dodenhof
dodenhof
Kappa
citibank

Werder zum Frühstück!
WESER-KURIER
Deutsche ProVentus AG
viebrockhaus
Jetzt geht's looos...! AIRPORT BREMEN
AIRPORT BREMEN
dodenhof
Kappa
citibank

viebrockhaus
Jetzt geht's looos...!
AIRPORT BREMEN
dodenhof
5:1

La Ola

In Worten: Acht zu Eins

Werder Bremen - Hansa Rostock

Samstag, 03.11.2007	1:0 (1:0)

Aufstellung

BREMEN
YOU'LL NEVER WALK ALONE
BREMEN
BREMEN
EIN RUHM DER NIE VERGEHT
BREMEN
KINGS OF GERMANY
TO BREMEN
18.09.07
28.11.07
03.10.07
11.12.07
24.10.07
06.11.07
EGAL WAS AUCH PASSIERT - WIR BLEIBEN TREU
NEVER WALK ALONE
BREMEN
Bremen
UNSER LEBEN
St. Pauli
BREMEN

Zeugwart

GRÜN-WEISS

HANSA

Gästeblock

HAAKE BECK Pils
HAAKE BECK Pils
SONY
Stadtgrün
dodenhof
HE LEER?
HOL'AB!
dodenhof dodenhof dodenhof
EWE TEL
www.ewetel.de

Bindon
Personaldienste
elko
SIEMENS
Coca-Cola
BURDENSKI
citibank
swb
HAAKE-BECK
buhlmann
VILSA
Deutsche ProVentus AG
KPMG
Kappa
hellmann
BELUGA SHIPPING
HIT-RADIO ANTENNE
CAPAROL

HORST DRZYSGA
EWE
buhlmann
BREMER LANDESBANK
infront
HORST DRZYSGA
HORST DRZYSGA
BELUGA SHIPPING
CAPAROL
BAUHAUS
Könecke
EWE
Basler
Jack Wolfskin

Werder Bremen - Karlsruher SC

Samstag, 10.11.2007 | **4:2 (2:0)**

Flasche leer

dodenhof
PROSTKURVE
Kappa
PADDOCK'S
VISA

Opel. Vereinbaren Sie
jetzt eine Probefahrt.
15 29
OPEL
LANGNESE
Stadtgrün
BREMEN
Der Rasenspezialist für den SV Werder Bremen

OSTKURVE
BREMEN
SV WERDER
SV Werder Bremen

WERDER BREMEN
OSTKURVE
DIE SPINNEN DIE BAYERN
KEINE MACHT DEN SCHIEBERN
Werder Bremen
RECK
SUPER BREMEN

20
12

Werder Bremen - Hamburger SV

Samstag, 01.12.2007 | 2:1 (1:0)

12

Cave canem

22
22 21+23
24 - 26
Feuerwehrzufahrt

16
REIHE 5-19
18
REIHE 5-19

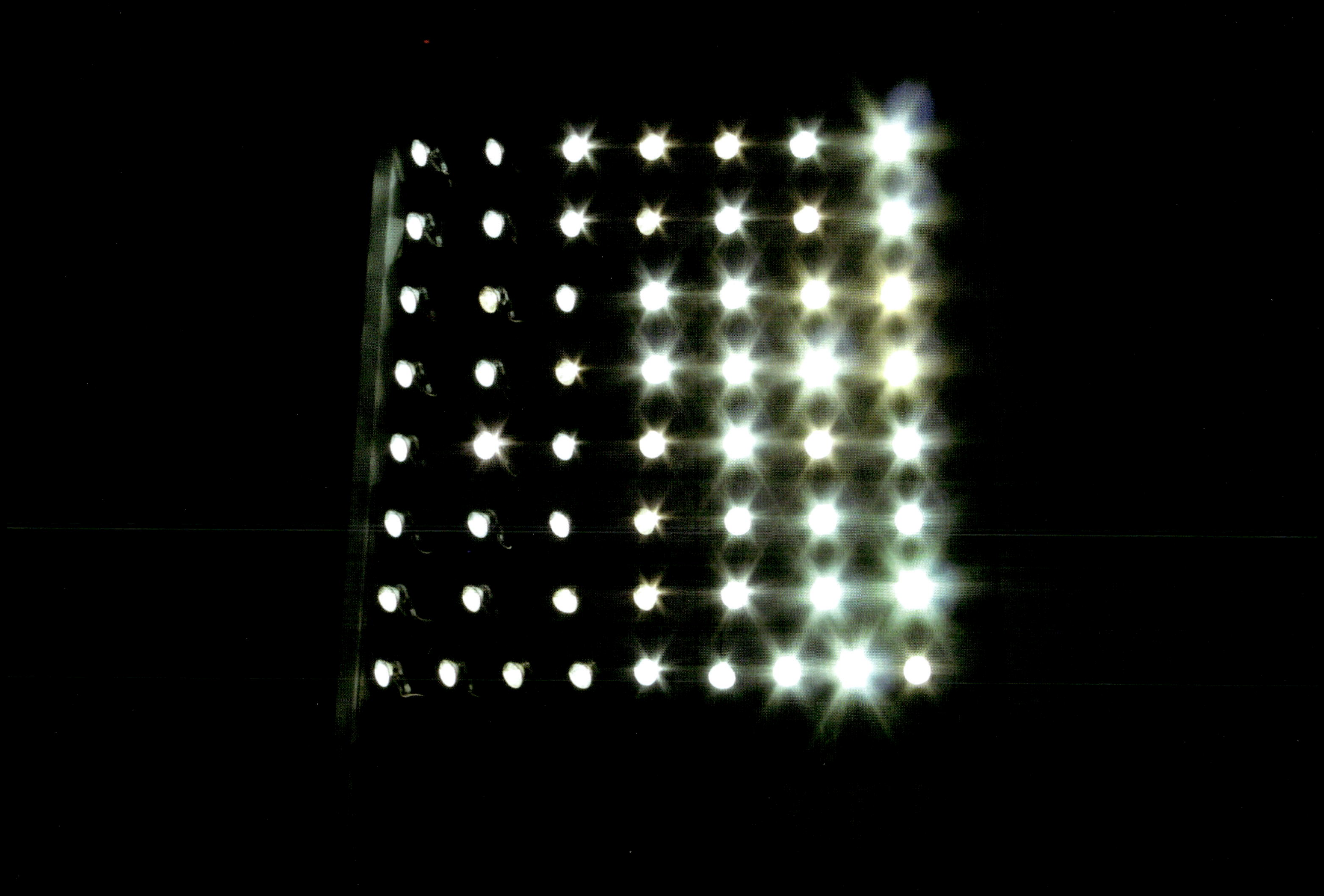

13 + 15
WC
WC
WC
9 + 11

DIREKTANSCHLUSS!

Werder Bremen - Bayer Leverkusen

Samstag, 15.12.2007	5:2 (1:1)

Jetzt geht's looos...! AIRPORT BREMEN
dodenhof
Mercedes-Benz in Bremen
PROSTKURVE
Kappa
citibank
PADDOCK'S
Einbecker

Ein Held und vier Bier

HAAKE

Weihnachtsfeier

Frohe Weihnachten!
citibank
Könecke
CAPAROL
HB TECHNOLOGY

Winterpause

onal vom Fach
Freie Jobs bei Bindan
Ab 20 Uhr
zur Fahrerotür
Jetzt einsteigen bei Bindan
Bindan

Osterdeich

Werder Bremen - 1. FC Nürnberg
Samstag, 16.02.2008
2:0 (1:0)

Glückspils

WERDER TICKETS
KASSE
13
Nord Seite
unüberdacht
25,00 €
KASSE
14
KASSE
15
KASSE
16
WERDER BREMEN

Werder Bremen - Borussia Dortmund

Samstag, 01.03.2008 | **2:0 (1:0)**

HANSA PAPIER
TOPPOINT
hellmann
fussball-auktion.de
PADDOCK'S JEANS
HIT-RADIO ANTEN
DER NEUE MIX
BELUGA

Freistoß

Logistik
WERDER BREMEN
www.platz-fuer-kinder.eu
swb
M. WULFF
ZEITPERSONAL
Werner Rathmann
MASCHINENBAU
DACHSER
Intelligente Logistik
HanseLifter
EVENTUS 2000
infront
SPORTS & MEDIA
Könecke
Könecke
Könecke
Könecke

Abseits?
Könecke
26

Hacke

Tor 8
NIKE

Tor
10
WEST Gäste
21-24,
26
POLIZEI
mit
Parkschein

Werder Bremen - VfL Wolfsburg

Sonntag, 16.03.2008	0:1 (0:0)

Ein trauriger Sonntag

Werder Bremen - MSV Duisburg
Samstag, 29.03.2008
1:2 (0:2)
BELUGA SHIPPING
HIT-RADIO ANTENNE
DER NEUE MIX
citibank
swb

Deutsche
ProVentus
ABRAMS
HANSA PAPIER
TOPPOINT
hellmann
citibank
BAUHAUS

TICKETS
Internet, DSL
bei EWE TEL
17-20
17-20

chnellen Internetzugang.
P
mit
Parkschein
KALT

Werder Bremen - FC Schalke 04

Samstag, 12.04.2008 | **5:1 (2:1)**

GAZPROM
Pander
Schalke 04

Ecke

Könecke
Könecke
Könecke
Deutsche
Jones
13
Kuranyi
22
Krstajic
20
Westermann
2
Pander
24
Schalke 04
Ernst
8

MEYERHOFF®
NALDO
4
SANOGO
18
Jones
13
Pander
24
Schalke 04
Neuer
1

ANTENNE
citibank
citibank

citibank

citibank

Coach!

FC SCHALKE 04
GELSENKIRCHEN
NICHTS ANDERES
FC Schalke 04
TRADITIONSVEREIN SEIT 1904
EINMAL SCHALKE - IMMER SCHALKE
FC Schalke 04
FC SCHALKE
YOU'LL NEVER WALK ALONE
F.C.SCHALKE 04
S04 POWER-ATTACKE-S04 POWER
FC Schalke 04
FC Schalke 04
OHLE
GELSENKIRCHEN

Hände hoch!

Hallo Ostkurve

HEIMSIEG
WERDER BREMEN
OSTKURVE
DIEGO

citibank
HUNT
14
MERTESACKER
29
SANOGO
18
053
PASANEN
3
FRITZ
8
F
WIESE
1

Heimsieg

Ohne Worte

FRINGS
22
WERDER BREMEN
DIEGO
10
WERDER BREMEN

BREMEN
FRIENDS FOREVER
Bayern

Snack-Service
SCHWEINE
1. FC
NÜRNBERG
walk alone
1. FCN
SCHALKE

Bremen

adidas
SINCE 1904
SINCE 1904

Ihr könnt nach Hause fahren...

Nur kucken...

Nach dem Spiel

Werder Bremen - Energie Cottbus
Samstag, 03.05.2008
2:0 (0:0)
ist vor dem Spiel

WERDER
bwin

Herzlich willkommen!
Kunden Parkplatz
WERDER
we win!
bwin
JENSEN
20

BREMEN
WERDER BREMEN
SONST NIX !
FOREVER
Ist eine »Religion«
WESER-STADION
WERDER BREMEN
EIN BREMER ZU SEIN
VON BREMEN
We are the Champions
BREMEN FANS
IN YOUR TOWN
DFB POKALSIEGER
1991
WERDER BREMEN
Hier stürmt der Norden
WESERSTADION
Werder Bremen
FÜR IMMER UND EWIG
KINGS OF THE LEAGUE
S.V. WERDER BREMEN
WERDER-BREMEN
WESER-POWER
SV Werder Bremen
SV WERDER BREMEN
HIER REGIERT WERDER BREMEN
WERDER BREMEN SUPPORTERS-CLUB
FAN-KURVE
die Könige der Liga
Werder Bremen
SV.WERDER BREMEN
WERDER BREMEN
WERDER-FAN

VERGÖTTERT
BREMEN

DEUTSCHER MEISTER
WERDER
BREMEN

WERDER
BREMEN
STOP ORANGE!
DIE NR.1
IM NORDEN
KANI

Doppelgänger

PER MERTESACKER
SANOGO – ANGRIFF
ANGRIFF

Brot und Spiele

BREME
WERDER

Wir!

Die Anderen

GRÜN
WEISS
SONST NIX
SPORT-VEREIN WERDER
INFAMOUS YOUTH
UR WILL IS UNBREAKABLE
WERDER BREMEN
ALERTA NETWORK
ULTRA TEAM

Einlauf

Könecke
envia

ENERGIE
14
VASILJEVIC
envia

Gelb!

Torjubel

citibank
citibank
citibank

Danke!

BREMEN
kappa

Tanzfläche

Werder Bremen - Hannover 96

Samstag, 10.05.2008 | **6:1 (2:0)**

Ausflug ins Grüne

Imbiss

Specksalat
Nudelsalat
Kartoffelsalat
FORZA SVW!
kappa
Coca-Cola
BECK'S

VILSA
VILSA
VILSA
NOVER
BREM
DER

DBV
WIR

Baden gehen

Logen

HanseLifter
WERDER BREMEN
HORST DRZYSGA

Nachwuchs

DB
Mobility
Networks
Logistics
DB
Mobility
Networks
Logistics
DB
Mobility
Networks
Logistics
Jack Wolf

Abschied

24

BOROWSKI
24
BREMEN

citibank
Jack Wolfskin
VINICIUS
2
SCHULZ
19
ROSENBERG
9

PADDOCK'S
citibank
ROSENBERG
9
Tor!

FRINGS
22
DIEGO
24

Das Phänomen

DERBYSIEGER!
DANKE JUNGS
SVW
RACAILLE
WERDER
SCHEISS HSV
NETWORK
antifascist movement
elko & Werder SECURITY

4 TAGE, 2 SIEGE, 5 JAHRE CL - DANKE!
BREMER W
SECURITY

Lebenslang
SV WERDER BREMEN
WERDER BREMEN
ICH WILL DICH!
FRINGS
HEIMSIEG

bwin
DIEGO

TEAM
EWE
swb
LANGNESE
WERDER
DIEGO
10

Kappa
citibank

schlag
TAUBENSCHLAG
PREMIERE
SPORTSBAR
Kappa
kik
TEXTIL-DISKONT

TEFAN
BREMEN

we win

Werder Bremen - FC Schalke 04

Samstag, 23.08.2008 | 1:1 (0:0)

Flanke

Parade

Gesucht

Gefunden

HAAKE
BECK
WERDER BREMEN
WERDER

Fanfreundschaft

SCHALKE-FANCLUB

FRINGS
22

Werder Bremen - FC Energie Cottbus
Samstag, 13.09.2008
3:0 (0:0)

Da will ich dabei sein.

100%
WERDER!
WERDER
BREMEN

W B
VORAN
OUR WILL IS UNBREA
ALERTA

WERDER
BREMEN

BESTE ZU GEBEN

BREMEN
BREMEN
12

Block 1
22E Kattenturm
POLIZEI
dodenhof

turm
4501
POLIZEI

turm
4501
POLIZEI

Linienrichter

Werder Bremen - TSG Hoffenheim

Samstag, 27.09.2008 | 5:4 (4:2)

P+R Weserstadion

29

33
35
FISCHBar
WIR
12

WERDER

PIZARRO
24
ÖZIL
11
ROSENBERG
9
citibank
10
Kappa

PIZARRO
24
ÖZIL
11
citibank
10

38
15

Tor
4
OST
60-67
100%
WERDER!
Kappa

Heimweg

WERDER BREMEN
OSTKURVE
WERDER BREMEN
WERDER BREMEN
OSTKURVE
BREMEN
OSTKURVE

Über den Autor

Hajo König, Geb. 1968 in Bremen
lebt und arbeitet in Bremen als Grafik-Designer
und Geschäftsführer der Firma König und König KG.
Stolzer Dauerkarten-Besitzer seit 2004
Kontakt: hajo.koenig@koenig-koenig.de
www.stadionkultur.de

Stehen auf, weil sie Bremer sind

Lucas, Stephan, Jaquelin, Michael, Stevie, Karen, Frank, Andreas, Janek,
Lars, Gerald, Robert, Thomas, Jan, Christoph, Dirk, Hilko und Sascha

Danke für die Unterstützung

Doris und Johann, Andrea und Yvonne, Meike und Klaus, Folker
und natürlich Werder Bremen

Stadionbrötchen

geschmiert und dekoriert von Maren

Für

die besten Fans der Welt

STADIONKULTUR